Matthias Fiedler

Záměr inovačního matchingu nemovitostí: Zjednodušený postup zprostředkování nemovitostí

Matching nemovitostí: Efektivní, jednoduché a profesionální zprostředkování nemovitostí pomocí inovačního portálu pro matching nemovitostí

Impresum

1.Vydání jako tištěná kniha | únor 2017
(Původní vydání v němčině, prosinec 2016)

© 2016 Matthias Fiedler

Matthias Fiedler
Erika-von-Brockdorff-Str. 19
41352 Korschenbroich
Německo
www.matthiasfiedler.net

Výroba a tisk:
Viz přítisk na poslední straně

Úprava přebalu: Matthias Fiedler
Vytvoření elektronické knihy: Matthias Fiedler

ISBN-13 (paperback): 978-3-947082-48-3
ISBN-13 (e-book mobi): 978-3-947082-49-0
ISBN-13 (e-book epub): 978-3-947082-50-6

Bibliografická informace Německé národní knihovny (Deutsche Nationalbibliothek): Německá národní knihovna uvede tuto publikaci v Německé národní bibliografii (Deutschen Nationalbibliografie); podrobné bibliografické údaje se nacházejí na internetové adrese http://dnb.d-nb.de.

ÚDAJE K OBSAHU

V této knize je vysvětlena revoluční koncepce celosvětového portálu pro matching nemovitostí (aplikace App) s výpočtem pozoruhodného potenciálu obratu (v miliardách eur); tento je integrován do softwaru realitních makléřů včetně oceňování nemovitostí (potenciál obratu v biliónech eur).

Obytné a podnikatelské nemovitosti určené k vlastnímu využití nebo pronájmu tak mohou být zprostředkovány efektivně a s časovou úsporou.

Jedná se o inovační a profesionální postup zprostředkování nemovitostí, který slibuje perspektivy do budoucna jak všem realitním makléřům, tak i zájemcům o nemovitosti.

Matching v oblasti nemovitostí funguje bezmála ve všech zemích a díky překonání jazykových bariér dokonce i za jejich hranicemi.

Namísto toho, aby byly informace k nemovitosti „přenášeny" ke kupujícímu nebo nájemníkovi, jsou na portálu pro matching nemovitostí zájemci o nemovitosti posuzováni (hledaný profil) a následně porovnáváni a propojováni s nemovitostmi realitních makléřů určenými ke zprostředkování.

OBSAH

PŘEDMLUVA

Výše popsaný záměr inovačního matchingu v oblasti nemovitostí jsem promyslel a vyvinul v roce 2011.

Problematikou nemovitostí se profesionálně zabývám již od roku 1998 (mimo jiné zprostředkováním nemovitostí, jejich nákupem a prodejem, oceňováním, pronajímáním a projektováním pozemků). Mimo jiné jsem registrován u průmyslové a obchodní komory (IHK), jsem diplomovaným ekonomem v oblasti nemovitostí (ADI) a znalcem v oblasti oceňování nemovitostí (DEKRA), jakož i členem mezinárodního uznávaného svazu britské Royal Institution of Chartered Surveyors (MRICS).

Matthias Fiedler

Korschenbroich, dne 31.10.2016

www.matthiasfiedler.net

1. Záměr inovačního matchingu v oblasti nemovitostí: Zjednodušený způsob zprostředkování nemovitostí

Matching nemovitostí: Efektivní, jednoduché a profesionální zprostředkovávání nemovitostí pomocí inovačního portálu pro matching nemovitostí

Namísto toho, aby byly informace k nemovitosti „přenášeny" ke kupujícímu nebo nájemníkovi, jsou na portálu pro matching nemovitostí (aplikace App) zájemci o nemovitosti posuzováni (hledaný profil) a následně porovnáváni a propojováni s nemovitostmi realitních makléřů určenými ke zprostředkování.

2. Cíle zájemců o nemovitosti a nabízejících nemovitostí

Z pohledu prodávajícího a pronajímatele nemovitostí je důležité, aby byla jeho nemovitost prodána nebo pronajata rychle a za co nejvyšší cenu.

Z pohledu kupujícího a zájemce o pronájem je důležité, aby našel nemovitost dle svých představ a tuto si mohl rychle a bez problémů koupit nebo najmout.

3. Dosavadní postup při hledání nemovitosti

Zájemci o nemovitost se dívají zpravidla na nemovitosti v požadovaném regionu na velkých internetových portálech s nemovitostmi. Tam si mohou nechat zaslat informace k nemovitosti nebo seznam s příslušným odkazem k nemovitosti prostřednictvím e-mailu, pokud mají založen krátký hledaný profil. To probíhá často na 2-3 portálech s nemovitostmi. Dále jsou nabízející zpravidla kontaktováni e-mailem. Tímto způsobem získají nabízející možnost a povolení ke spojení se zájemci.

Dodatečně jsou ze strany zájemců kontaktováni jednotliví realitní makléři v požadovaném regionu a do paměti je pokaždé uložen hledaný profil.

U nabízejících na portálech s nemovitostmi se jedná o soukromé osoby a profesionální nabízející. Profesionální nabízející jsou převážně realitní makléři a zčásti stavební podniky, osoby a společnosti podnikající v oblasti nemovitostmi (v textu jsou profesionální nabízející označeni jako realitní makléři).

4. Nevýhoda soukromých nabízejících / výhoda realitních makléřů

U nemovitostí určených ke koupi není ze strany soukromého prodejce vždy zaručen okamžitý prodej, poněvadž například v případě zděděné nemovitosti se může stát, že neexistuje dohoda mezi dědici nebo že chybí dědický list. Dále může být prodej zkomplikován nevyjasněnými právními záležitostmi, jako je mimo jiné právo bytu (věcné břemeno).

U nemovitostí určených k pronájmu se může stát, že soukromý pronajímatel nesehnal úřední povolení, např. pokud má být pronajímána průmyslová nemovitost (průmyslová plocha) jako byt.

Pokud je jako nabízející činný realitní makléř, výše uvedené aspekty zpravidla objasnil. Krom toho jsou již často připraveny všechny důležité podklady k nemovitosti (půdorys, polohopisný plán, vyhodnocení energetické spotřeby, pozemková kniha, úřední podklady atd.). – Tím je umožněn rychlý a nekomplikovaný prodej nebo pronájem.

5. Matching nemovitostí

K dosažení rychlého a efektivního matchingu mezi zájemci a prodávajícími nebo pronajímateli je důležité, aby byla nabídnuta systematická a profesionální metoda přístupu.

Zde to při procesu hledání a nacházení mezi realitními makléři a zájemci probíhá opačným směrem. To znamená, že namísto toho, aby byly informace k nemovitosti „přenášeny" ke kupujícímu nebo nájemníkovi, jsou na portálu pro matching nemovitostí (aplikace App) zájemci o nemovitosti posuzováni (hledaný profil) a následně porovnáváni a propojováni s nemovitostmi realitních makléřů určenými ke zprostředkování.

V prvním kroku založí zájemci na portálu matchingu s nemovitostmi konkrétní hledaný profil. Tento hledaný profil zahrnuje cca 20 charakteristických znaků. Pro hledaný profil jsou mimo jiné důležité následující charakteristické znaky (nikoli úplný výčet).

- Oblast (region) / Poštovní směrovací číslo / Místo
- Druh objektu
- Velikost pozemku
- Obytná plocha
- Kupní cena / Nájemné
- Rok výstavby
- Patro
- Počet místností
- Pronajímána (ano/ne)
- Sklep (ano/ne)
- Balkón/terasa (ano/ne)
- Druh vytápění
- Místo pro parkování (ano/ne)

Přitom je důležité, aby nebyly charakteristické znaky volně zadávány, nýbrž kliknutím nebo otevřením příslušného pole znaku (např. druhu objektu) vybírány ze seznamu s předem zadanými možnostmi / alternativami (např. u druhu objektu: byt, rodinný dům, skladištní hala, kancelář…).

Alternativně mohou být ze strany zájemců zakládány další hledané profily. Změna hledaného profilu je taktéž možná.

Dodatečně jsou ze strany zájemců zadávány do předem zadaných polí kompletní kontaktní údaje. Těmi jsou příjmení, jméno, ulice, číslo domu, poštovní směrovací číslo, místo, telefon a e-mail. V této souvislosti dají zájemci souhlas k navázání kontaktu a zaslání odpovídajících informací k nemovitostem (expozé) ze strany realitních makléřů.

Krom toho uzavřou zájemci s provozovatelem portálu pro matching nemovitostí smlouvu.

V dalším kroku jsou hledané profily, ještě neviditelné, k dispozici realitním makléřům připojeným přes programovací rozhraní (API – Application Programming Interface) – toto je podobné např. programovacímu rozhraní „openimmo" v Německu. K tomu je třeba poznamenat, že toto programovací rozhraní – které je takřka klíčem k realizaci – by mělo podporovat téměř každý software používaný v praxi realitními makléři, případně by měl být zabezpečen přenos. Pokud tomu tak není, mělo by to být technicky umožněno. – Vzhledem k tomu, že v praxi už existují programovací rozhraní jako výše uvedené programovací rozhraní „openimmo" a další, měl by být přenos hledaných profilů možný.

Nyní realitní makléři porovnají své nemovitosti určené ke zprostředkování s hledanými profily. K tomu účelu jsou nemovitosti nahrány na portál pro matching nemovitostí a příslušné charakteristické znaky jsou porovnávány a propojovány.

Výsledkem procesu porovnávání je matching s odpovídajícím údajem v procentech. – Počínaje například hodnotou matchingu 50 % jsou hledané profily v softwaru realitního makléře zviditelněny.

Jednotlivé znaky jsou přitom vzájemně posuzovány (bodový systém), takže po porovnání znaků vyplyne procentuální sazba pro matching (pravděpodobnost shody). – Například znak „druh objektu" je posuzován výše než znak „obytná plocha". Dodatečně by měly být vybrány určité znaky (např. sklep), které tato nemovitost musí mít.

V průběhu porovnávání znaků pro matching musí být věnována pozornost tomu, aby byl realitním makléřům poskytnut přístup jen k požadovaným (evidovaným) oblastem. Tím se sníží náročnost procesu porovnání dat. Poněvadž realitní makléři velmi často působí regionálně. – Zde je třeba poznamenat, že v dnešní době je umožněno ukládání a zpracování velkých množství dat přes tzv. „cloud".

K zabezpečení profesionálního zprostředkování nemovitostí získávají k hledaným profilům přístup jen realitní makléři.

K tomuto účelu uzavřou realitní makléři s provozovatelem portálu pro matching nemovitostí smlouvu.
Po příslušném porovnání/matchingu smějí realitní makléři zájemce kontaktovat a rovněž také zájemci mohou kontaktovat realitní makléře. To

také znamená, že pokud realitní makléři poslali zájemcům expozé, je zdokumentován doklad o činnosti, případně nárok realitních makléřů na provizi v případě prodeje nebo pronájmu.

To předpokládá, že je realitní makléř ze strany vlastníků (prodejců nebo pronajímatelů) pověřen zprostředkováním nemovitosti nebo je mu dán souhlas k tomu, aby nemovitost nabízel.

6. Oblasti použití

Zde popisovaný matching nemovitost lze aplikovat na prodávané a pronajímané nemovitosti v soukromém a podnikatelském sektoru. Podnikatelské nemovitosti musejí mít dodatečné charakteristické znaky.

Na straně zájemců může být, jak je to v praxi obvyklé, také realitní makléř, pokud například působí z příkazu zákazníka.

Z hlediska prostoru může být portál pro matching nemovitostí převeden na téměř každou zemi.

7. Přednosti

Tento matching nemovitostí poskytuje značné výhody zájemcům hledajícím například nemovitost ve svém regionu (bydlišti) nebo hledajícím při změně zaměstnání nemovitost v jiném městě / jiném regionu.

Svůj hledaný profil založí jen jednou a od makléřů působících v požadované oblasti jim budou zaslány odpovídající informace k nemovitostem.

Realitním makléřům se tak nabízejí značné výhody, co se týče efektivity prodeje nebo pronájmu a úspory času.

Získají bezprostředně přehled o tom, jak vysoký je potenciál konkrétních zájemců o příslušné jimi nabízené nemovitosti.

Dále mohou realitní makléři přímo oslovit svoji relevantní cílovou skupinu, která založením hledaného profilu vyslovila konkrétní požadavek na nemovitost (mimo jiné zasláním expozé nemovitosti).

Tímto způsobem se zvýší kvalita z hlediska navazování kontaktů se zájemci, kteří vědí, co hledají. Tím se sníží počet termínů následných prohlídek. – Tím se zkrátí celkový čas prodeje u zprostředkovávaných nemovitostí.

V návaznosti na prohlídku zprostředkovávaných nemovitostí ze strany zájemců proběhne – jak je obvyklé – uzavření kupní nebo nájemní smlouvy.

8. Příklad výpočtu (potenciál) – jen byty a domy k vlastnímu využití (bez pronajímaných bytů a domů a podnikatelských nemovitostí)

Z následujícího příkladu je zřejmé, jaký má portál pro matching nemovitostí potenciál.

V sledované oblasti s počtem 250.000 obyvatel, jakou je město Mönchengladbach, je statisticky evidováno zhruba 125.000 domácností (2 obyvatelé na domácnost). Průměrný koeficient z hlediska stěhování činí cca 10 %. To znamená, že ročně se přestěhuje 12.500 domácností. – Zůstatek z hlediska přistěhování a odstěhování z města Mönchengladbachu přitom nebyl zohledněn. – Z toho cca 10.000 domácností (80 %) hledá nemovitost k pronájmu a cca 2.500 domácností (20 %) nemovitost ke koupi.

Podle zprávy o situaci na trhu s pozemky výboru odborných znalců (Gutachterausschuss) města Mönchengladbach proběhlo v roce 2012 2.613 prodejů nemovitostí. – To potvrzuje výše uvedený počet 2.500 zájemců o koupi nemovitostí. Ve skutečnosti jich bude více, protože například ne každý zájemce svoji nemovitost nalezne. Dle odhadu je počet skutečných zájemců, v případě konkrétního způsobu počet hledaných profilů, oproti průměrnému koeficientu stěhování ve výši cca 10 % dvojnásobný, konkrétně činí 25.000 hledaných profilů. To mimo jiné znamená, že zájemci na portálu pro matching nemovitostí zakládají více hledaných profilů.

Je třeba také zmínit, že na základě dosavadních zkušeností asi polovina všech zájemců (kupujících a nájemníků), tedy celkem 6.250

domácností, našla svoji nemovitost přes realitního makléře.

Ze zkušeností však vyplývá, že minimálně 70 % všech domácností, tedy celkem 8.750 domácností (tomu odpovídá 17.500 hledaných profilů), hledalo přes internetové portály s nemovitostmi.

Pokud by 30 % všech zájemců, tedy 3.750 domácností (tomu odpovídá 7.500 hledaných profilů) v jednom městě, jako je Mönchengladbach, založilo svůj hledaný profil na portálu pro matching nemovitostí (aplikace App), mohli by připojení realitní makléři nabídnout ročně zájemcům o koupi vhodnou nemovitost prostřednictvím 1.500 konkrétních hledaných profilů (20 %) a zájemcům o pronájem prostřednictvím 6.000 konkrétních hledaných profilů (80 %).

To znamená, že při průměrné době hledání 10 měsíců a ceně (příklad) 50 € měsíčně na každý založený hledaný profil ze strany zájemců činí pro 7.500 hledaných profilů ve městě s 250.000 obyvateli potenciál obratu 3.750.000 € ročně.

Při propočtu na Spolkovou republiku Německo s cca 80.000.000 (80 milióny) obyvatel dosahuje potenciál obratu 1.200.000.000 € (1,2 miliardy €) ročně. – Pokud by namísto 30 % všech zájemců hledalo své nemovitosti přes portál pro matching nemovitostí např. 40 % všech zájemců, zvýšil by se potenciál obratu na 1.600.000.000 € (1,6 miliardy €) ročně.

Tento potenciál obratu se týká jen bytů a domů pro vlastní využití. Uvedený výpočet potenciálu obratu nezahrnuje pronajímané, případně výnosové nemovitosti v sektoru obytných nemovitostí a celý sektor podnikatelských nemovitostí.

Při počtu cca 50.000 podniků v Německu v oblasti zprostředkování nemovitostí (včetně zúčastněných stavebních podniků, osob a společností podnikajících v oblasti nemovitostí) s cca 200.000 zaměstnanci a podílem (příklad) 20 % těchto 50.000 podniků využívajících uvedený portál pro matching nemovitostí s průměrně 2 licencemi dosahuje při ceně (příklad) 300 € měsíčně na licenci potenciál obratu 72.000.000 € (72 miliónů €) ročně. Krom toho by měla probíhat regionální evidence tamějších hledaných profilů, takže zde může být vždy dle úpravy vygenerován další značný potenciál obratu.

Realitní makléři by díky tomuto vysokému potenciálu zájemců s konkrétními hledanými profily už nemuseli permanentně aktualizovat svoji vlastní databázi zájemců – pokud ji mají k dispozici. Zvláště když tento počet aktuálních hledaných profilů pravděpodobně velmi převýší počet hledaných profilů založených realitními makléři v jejich databázi.

V případě, že by byl tento inovační portál pro matching nemovitostí aplikován ve více zemích, mohli by si například zájemci o koupi z Německa založit hledaný profil pro prázdninové apartmá na středomořském ostrově Mallorca (ve Španělsku) a na Mallorce připojení realitní makléři by mohli svým německým zájemcům představit vhodný apartmán prostřednictvím e-mailu. – Pokud by byla zaslaná expozé napsána ve španělštině, mohli by si v dnešní době zájemci nechat text přeložit během krátké doby do němčiny s podporou internetových překladatelských programů.

Pro možnost provedení matchingu hledaných profilů a realizaci zprostředkování nemovitostí bez jazykových bariér lze v rámci portálu pro matching nemovitosti provést porovnání příslušných charakteristických znaků na základě programovaných (matematických) znaků –

nezávisle na jazyce – a příslušný jazyk pak přiřadit.

Pro případ využití portálu pro matching nemovitostí na všech kontinentech může být výše uvedený potenciál obratu (jen hledající zájemci) vyjádřen následujícím velmi zjednodušeným propočtem.

Počet obyvatel na světě:

7.500.000.000 (7,5 miliardy) obyvatel

1. Obyvatelstvo v průmyslových zemích a nejprůmyslovějších zemích:

   2.000.000.000 (2,0 miliardy) obyvatel

2. Obyvatelstvo v prahových zemích:

   4.000.000.000 (4,0 miliardy) obyvatel

3. Obyvatelstvo v rozvojových zemích:

    1.500.000.000 (1,5 miliardy) obyvatel

Roční potenciál obratu ve Spolkové republice Německo ve výši 1,2 miliardy € při 80 miliónech obyvatel se přepočte nebo propočte s následujícími předpokládanými faktory na průmyslové, prahové a rozvojové země.

1. Průmyslové země: 1,0

2. Prahové země: 0,4

3. Rozvojové země: 0,1

Z toho vyplývá následující roční potenciál obratu (1,2 miliardy € x obyvatelstvo (průmyslové, prahové nebo rozvojové země) / 80 miliónů obyvatel x faktor).

1. Průmyslové země: 30,00 miliard. €

2. Prahové země: 24,00 miliard. €

3. Rozvojové země: 2,25 miliard. €

Celkem: **56,25 miliard. €**

9. Shrnutí

Tímto výše prezentovaným portálem pro matching nemovitostí jsou hledajícím nemovitostí (zájemcům) a realitním makléřům nabízeny značné výhody.

1. Zájemci značně ušetří čas věnovaný hledání vhodných nemovitostí, poněvadž svůj hledaný profil zakládají jen jednou.
2. Realitní makléři získají celkový přehled o počtu zájemců s již konkrétními požadavky (hledaný profil).
3. Zájemci získají od všech realitních makléřů jen informace o požadovaných nebo vhodných nemovitostech (podle hledaného profilu) (takřka automatický předvýběr).
4. Realitní makléři sníží výdaje na údržbu své individuální databáze pro hledané

profily, poněvadž k dispozici bude permanentně velmi vysoký počet aktuálních hledaných profilů.

5. Vzhledem k tomu, že na portál pro matching nemovitostí budou připojeni jen profesionální poskytovatelé / realitní makléři, budou mít zájemci co do činění s odborníky disponujícími bohatými zkušenostmi v oblasti zprostředkování nemovitostí.

6. Realitní makléři sníží počet termínů prohlídek a tím celkovou dobu prodeje. Také na straně zájemců se sníží počet termínů prohlídek a zkrátí se celková doba zprostředkování až po uzavření kupní nebo nájemní smlouvy.

7. Majitelé nemovitostí určených k prodeji a pronájmu tedy rovněž ušetří čas. Dále bude minimalizována neobsazenost nemovitostí určených k pronájmu a

umožněno dřívější zaplacení kupní ceny u kupovaných nemovitostí díky rychlejšímu pronajmutí nebo prodeji, což představuje i výhodu z hlediska financí.

Realizací nebo prosazením tohoto záměru matchingu nemovitostí lze dosáhnout značného pokroku v oblasti zprostředkování nemovitostí.

10. Integrace portálu pro matching nemovitostí do nového softwaru realitních makléřů včetně oceňování nemovitostí

K tomu všemu by zde popisovaný portál pro matching nemovitostí měl být od svého počátku důležitou součástí nového softwaru realitních makléřů – v ideálním případě využívaného celosvětově. To znamená, že realitní makléři by mohli portál pro matching nemovitostí používat buď dodatečně ke svému používanému softwaru nebo v ideálním případě využívat nový software včetně portálu pro matching nemovitostí.

Integrací tohoto efektivního a inovačního portálu pro matching nemovitostí do vlastního softwaru realitních makléřů bude vytvořen základní předpoklad výsadního postavení softwaru realitních makléřů, který je důležitý k proniknutí na trh.

Vzhledem k tomu, že oceňování nemovitostí je a zůstane důležitou součástí jejich zprostředkovávání, měl by být do softwaru realitních makléřů bezpodmínečně integrován nástroj pro oceňování nemovitostí. Díky propojení mohou být při oceňování nemovitostí s odpovídajícími možnostmi výpočtů využívána důležitá data/parametry ze zadaných/založených nemovitostí realitních makléřů. Případné chybějící parametry doplní realitní makléř vlastní expertízou trhu ve svém regionu.

Krom toho by měl software realitních makléřů umožňovat integraci takzvaných virtuálních obchůzek zprostředkovávaných nemovitostí. To by mohlo být jednoduše realizováno například tak, že by do telefonu nebo tabletu byla vyvinuta dodatečná aplikace App, která by po nahrávce virtuální obchůzky nemovitosti tuto automaticky integrovala nebo napojila do softwaru realitního makléře.

Bude-li do nového softwaru realitních makléřů vedle oceňování nemovitostí napojen efektivní a inovační portál pro matching nemovitostí, opět se tím značně zvýší možný potenciál obratu.

Matthias Fiedler

Korschenbroich, dne 31.10.2016

Matthias Fiedler

Erika-von-Brockdorff-Str. 19

41352 Korschenbroich

Německo

www.matthiasfiedler.net

www.ingramcontent.com/pod-product-compliance
Lightning Source LLC
Chambersburg PA
CBHW071531210326
41597CB00018B/2952